AF226347

CAUSE

DE

L'ARRESTATION DE M. FERRER

Ex-colonel de la 2me Légion du Rhône

Officier de la Légion-d'Honneur

> Une défense implique nécessairement un
> peu de blâme : se défendre prouve qu'on
> ne croit pas avoir tort.

Prix : **50** Centimes

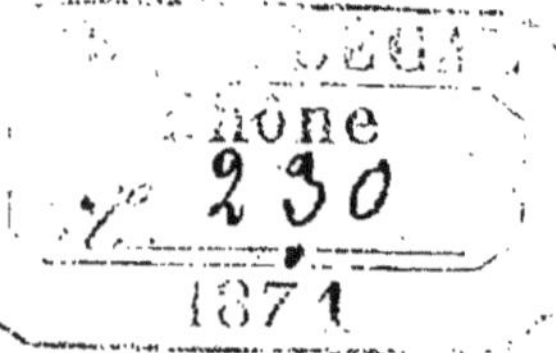

EN VENTE

AU BUREAU DU GUIGNOL ILLUSTRÉ

Rue Simon-Maupin et rue de Lyon, 64

LYON

1871

Lyon, imprimerie, H. Storck, rue de l'Hôtel-de-Ville, 78.

CAUSE

DE

L'ARRESTATION DE M. FERRER

Ex-colonel de la 2me légion du Rhône

~~~~~~~~~~~~~~~~~~~~~~~~~~~~~~~~

Arrêté le 27 avril dernier et écroué, le même jour, à la prison Saint-Joseph, pour un crime qu'une imagination maladive pouvait seule m'attribuer, je viens d'être mis en liberté aujourd'hui 1er juin, et je profite de cette liberté pour faire connaître au public et particulièrement aux électeurs des 4e et 6e arrondissements de Lyon, qui ont bien voulu m'honorer de leurs suffrages, la cause de mon arrestation : arrestation qui porte la plus grave atteinte à la liberté individuelle des citoyens et qui a donné lieu contre moi à des attaques aussi violentes qu'injustes.

M'attendant à être jugé par la Cour d'assises, j'avais préparé le *Mémoire* ci-après, qui résume mes moyens de défense.
~~~~~~~~~~~~~~~~~~~~~~~~~~~~~~~~

Messieurs de la Cour,

Messieurs les Jurés,

Il est un fait assez curieux dans mon existence, c'est que toutes les fois que j'ai voulu remplir un de ces devoirs sociaux qui exigent du patriotisme, c'est-à-dire l'amour pur, noble, désintéressé de la patrie, je me suis constamment attiré toutes sortes de désagréments.

Au Mexique, par exemple, pour avoir voulu faire cesser la charlatanerie de la gloire militaire, qui n'est autre chose que l'art de s'attribuer des actions courageuses par d'infâmes mensonges et d'en imposer, en les exploitant, à ses concitoyens, je me suis attiré six mois et demi d'arrêts de rigueur ou de prison, trois années de non activité par retrait d'emploi et ma radiation, par réforme, des contrôles de l'armée ! Et cependant, vous savez tous que les Romains traitaient comme voleur et punissaient de mort, le guerrier qui s'attribuait faussement devant les tribuns une action courageuse : notre société en serait-elle arrivée à approuver ce qui était l'exécration de nos ancêtres ?

Ici même, à Lyon, au moment où je donnnais une nouvelle preuve de désintéressement et de patriotisme, en refusant de toucher une indemnité supplémentaire d'équipement de 950 francs, qui ne m'était pas due, il est vrai, mais qui a été payée illégalement aux colonels, chefs de bataillon, adjudants-majors, médecins et autres officiers de plusieurs légions du Rhône, — on m'arrêtait comme un homme dangereux et l'on m'enfermait dans une maison d'arrêt.

De quel droit et en vertu de quelle loi m'a-t-on arrêté? où était la nécessité de m'incarcérer et de me garder au secret pendant vingt-neuf jours?

« Dès qu'un homme est maître de faire arrêter qui bon
« lui semble, par mesure de police, pour cause de salut
« public ou de sûreté générale, grands mots qui n'ont pour
« objet que de cacher la violation du droit commun, dit
« un publiciste contemporain, le gouvernement est arbi-
« traire. »

Le gouvernement actuel serait-il arbitraire? Ne pourrons-nous donc jamais jouir en France de cette garantie qui protége la liberté individuelle des Anglais contre l'ignorance et la méchanceté des agents et des fonctionnaires du gouvernement?

« Je suppose, écrivait en 1868, l'auteur du *Programme*
« *de la Démocratie*, je suppose qu'un ministre fasse ar-
« rêter un citoyen ou saisisse ses papiers, sans que la loi
« l'y autorise, on n'y verra en France qu'un excès de zèle
« ou tout au plus une erreur regrettable ; celui qui aura
« souffert n'aura pas le droit d'en appeler aux tribunaux
« et d'obtenir réparation. En Angleterre, on assignera le
« ministre devant la justice ordinaire et on lui demandera
« quelque cent mille francs de dommages-intérêts. En vain
« il invoquera la sûreté de l'Etat, le salut public et autres
« arguments à l'usage de l'arbitraire, s'il n'apporte pas un
« texte de loi qui justifie sa conduite, il sera condamné. »

Ceci posé, je dis : la lettre que j'ai écrite au 16ᵉ bataillon de la garde nationale de Lyon, n'est que le prétexte de la poursuite dont je suis l'objet ; car cette lettre ne contient rien, absolument rien qui soit répréhensible ou contraire aux droits des citoyens. Telle est ma profonde et sincère conviction.

En effet, peut-on me reprocher de dire que tous les Français ne doivent former qu'une seule famille et jouir des même droits, et que, dans aucun cas, le soldat ne doit être employé contre le citoyen ? Assurément non ! alors surtout que plusieurs communions religieuses pensent que la loi divine condamne formellement la profession de soldat et l'institution des armées permanentes (1).

D'ailleurs, l'idée que j'exprime sur ce sujet est déjà bien ancienne. Elle se trouve, je crois, si mes souvenirs sont fidèles, dans la fameuse brochure : *Qu'est-ce que le Tiers-État ?* et j'apprends avec plaisir que je ne suis pas le seul à en demander l'application. Voici le texte d'une délibération votée en réunion publique par la garde nationale de Montpellier, et que le *Progrès de Lyon* a inséré dans son numéro du 26 mai dernier :

« Citoyen maire,

« Considérant que l'ordre ne peut être maintenu ni
« mieux rétabli en cas de désordre, que par les élus du
« peuple,
« Soit :
« 1º Le Conseil municipal ;
« 2º La garde nationale,

---

(1) Voir l'*Organisation du travail*, par M. le sénateur Le Play, p. 457, publiée en 1870.

« Les soussignés, agissant au nom de leurs concitoyens,
« réunis au Manège, au nombre de 1,290,

« Prient instamment le citoyen maire de réunir à bref
« délai le Conseil municipal et de lui soumettre la propo-
« sition suivante :

« En cas de désordre, le Conseil municipal et la garde
« nationale, représentant seuls la force morale et maté-
« rielle, agiront conjointement et solidairement pour réta-
« blir l'ordre à l'exclusion des trois pouvoirs : *Armée,*
« *Préfet* et *Procureur général.*

« Voté à l'unanimité par les citoyens réunis à la salle du
« Manège.

« La réunion a décidé, en outre, que la municipalité de
« Montpellier serait invitée à procéder à la réorganisation
« de la garde nationale, et à remettre tous les postes de
« la ville à la milice citoyenne *exclusivement.* »

Voilà précisément ce que je disais dans ma lettre au
46me bataillon. L'adoption de cette proposition entraînera
forcément la suppression des armées permanentes et de
messieurs les préfets, ces empereurs au petit pied, capables
de prendre un agneau pour un lion et une grenouille pour
un éléphant. C'est là une affaire d'opinion : m'en ferait-on
un crime ?

La société n'a de droit que sur nos actions ; car nos
actions seules peuvent nuire à autrui ; nos pensées, tant
qu'elles ne se traduisent pas en acte, ne regardent que
nous. L'article 10 des droits de l'homme et du citoyen,
proclamés et reconnus par la Constitution de 1794, porte :

« Nul ne doit être inquiété pour ses opinions, même
« religieuses, pourvu que leur manifestation ne trouble pas
« l'ordre public établi par la loi. »

Dans l'article 11, il est dit :

« La libre communication des pensées et des opinions
« est un des droits les plus précieux de l'homme ; tout
« citoyen peut donc parler, écrire, imprimer librement,
« sauf à répondre de l'abus de cette liberté dans les cas
« déterminés par la loi. »

Ai-je abusé de cette liberté? Ai-je troublé l'ordre public?
Encore une fois, non ! Que l'on compare, après tout, ma
lettre du 24 avril, à l'ordre du général Crouzat, du 22 du
même mois, dans lequel il traite d'*assassins* des habitants
des Brotteaux, et prescrit aux soldats de faire usage de
leurs armes contre les citoyens, comme si nous vivions
dans un pays de sauvages, dépourvu de lois et de magis-
trats ! comme si la vengeance que cet ordre prescrit formellement à des hommes sans instruction et condamnés
à l'obéissance passive, n'était pas une sorte de justice
sauvage et barbare :

« Plus la vengeance est naturelle, dit le célèbre juris-
« consulte Bâcon, plus les lois doivent prendre peine à
« l'extirper. Car, à la vérité, la première injure offense la
« loi ; mais la vengeance semble la destituer tout à fait et
« se mettre à sa place. »

Loin de chercher à extirper la vengeance du cœur
d'hommes ignorants, le général Crouzat l'ordonne, l'excite,
la provoque ! et pourtant, il n'a été ni arrêté, ni emprison-
né, ni poursuivi. Est-ce qu'il y aurait sous le régime
actuel deux poids et deux mesures? Ou aurait-on pris le
parti, fort équitable, d'emprisonner les innocents, les gens
honnêtes, et de laisser en liberté les coupables et les mal-
honnêtes gens?

Il faut donc chercher ailleurs que dans ma lettre au 16me bataillon, la cause de mon arrestation arbitraire, je dirai même méchante ; car j'étais alité, au moment où l'on m'a arrêté, et dans l'impossibilité physique et morale de commettre les crimes qu'un amour-propre froissé ou un esprit ignorant pouvait seul m'imputer.

Cette cause est dans mon refus de signer un mandat de 6,050 fr., ordonnancé par M. le Préfet du Rhône, au profit de quelques officiers licenciés : ordonnancement qui place M. le Préfet du Rhône sous le coup de l'article 174 du Code pénal ordinaire.

Et, à ce propos, permettez-moi, Messieurs, de vous conter par forme d'épisode, digression, parenthèse, comme disait Paul-Louis Courrier, quelques particularités qui ne manquent pas de piquant ni d'intérêt, et qui vous donneront une idée du libéralisme de M. le Préfet du Rhône, ce vigoureux républicain aux talents natatoires, et de son amour pour la chose publique.

Ce mandat de 6,050 fr. fut présenté à ma signature, que réclamait le trésorier-payeur du département, pour pouvoir le payer. Je refusai, bien entendu, de le signer, en disant que ce paiement était irrégulier. On porta ma réponse à M. le Préfet, qui me fit demander mon refus par écrit, ce que je m'empressai de faire en ces termes :

« Je refuse d'acquitter le mandat ordonnancé le « 15 avril 1871, par M. le Préfet du Rhône, parce que « cet ordonnancement est contraire à la circulaire du « ministre de la guerre du 8 novembre 1870. » Je datai et je signai ce refus.

M. le Préfet écrivit de sa belle main, au bas de ma déclaration, que j'aurais dû lui présenter mes objections en lui envoyant l'état des officiers de la 2me légion qui n'avaient pas reçu la première mise d'équipement qu'il lui plaisait, à lui, préfet du Rhône, de leur accorder, et il ajouta :

« M. le colonel Ferrer est trop familier avec les règles
« de la comptabilité, pour ne pas savoir qu'il n'a aucune
« opinion à exprimer sur la régularité d'un ordonnance-
« ment fait par le Préfet du Rhône, commissaire extra-
« ordinaire de la République. »

A une prétention aussi étrange je répondis sur le champ :

« En envoyant à M. le Préfet l'état qu'il m'avait fait l'hon-
« neur de me demander, je lui ai adressé en même
« temps la circulaire du Ministre de la guerre, qui interdit
« d'allouer la première mise d'équipement aux officiers
« des gardes nationales mobilisées : c'était lui présenter
« mes objections contre l'allocation de cette première
« mise. En ce qui concerne, ajoutai-je, mon opinion sur la
« régularité ou l'irrégularité de l'ordonnancement d'un
« mandat, c'est là un droit que tous les Français doivent
« pouvoir exercer sans craindre de froisser l'amour-propre
« de personne ni de manquer aux lois. » Je datais de nou-
veau et je signais une seconde fois.

Avais-je tort, Messieurs, de vous dire que ces particularités étaient assez piquantes et ne manquaient pas d'intérêt? M. le Préfet du Rhône en me contestant sur ce sujet
mon droit d'opinion, a prouvé une chose : c'est qu'il ignore
les immortels principes de la Révolution, principes garantis
même par l'article 1er de la Constitution de 1852, et dont
l'article 15 de la *Déclaration des droits de l'homme*, est
ainsi conçu :

« La société a le droit de demander compte à tout agent
« public de son administration. »

Vivons-nous sous un régime moins libéral que celui issu
de l'attentat du 2 décembre 1851 ? L'auteur de mon arrestation a-t-il déja oublié ou ignore-t-il qu'en 1827, après la
dissolution de la garde nationale, le député Laffite monta à
la tribune pour proposer de mettre les ministres en accu-
sation et qu'il ne fut ni arrêté, ni mis en prison? M. le Préfet du Rhône ignore-t-il aussi que le monde ne vit et n'a-
vance que par la diversité des opinions? Non, vraiment,
on ne peut pas être le tuteur d'un département, du département du Rhône! quand on ignore tant de choses, quand
on est si ignorant!

Mais ce n'est pas tout : après m'avoir contesté le droit
d'exprimer mon opinion sur ses actes et m'avoir fait arrêter,
sans doute pour le plus grand bien de la France, le grand
patriote, cet illustre Préfet du Rhône a rempli un rôle que
je ne qualifie pas, mais que les articles 367, 368 et suivants
du Code pénal ont prévu et désignent sous le titre de calom-
niateur, le Préfet du Rhône, dis-je, a communiqué aux
journaux la note suivante :

« M. Ferrer, ancien colonel de la 2ᵉ légion de marche
« du Rhône, arrêté hier matin, avait adressé au 16ᵉ ba-
« taillon de la garde nationale une lettre rendue publique,
« qui est déférée à la justice comme constituant une exci-
« tation à la guerre civile et à la désobéissance aux
« lois.

« M. Ferrer qui, dans son ordre du jour au 16ᵉ bataillon,
« insulte l'armée, oublie de dire :

« 1° Qu'il a été exclu de l'armée par une mise en ré-
« forme;

« 2° Que par une lettre en date du 10 avril courant, il a
« demandé par écrit au ministre de la guerre de rentrer
« dans l'armée;

« 3° Que, sur sa demande, M. le général commandant
« la 8ᵉ division militaire lui avait accordé une permission
« de 4 jours pour aller à Versailles solliciter sa réintégra-
« tion auprès du ministre de la guerre. »

Cette note, quoique communiquée par M. le préfet du
Rhône, est non-seulement erronée en tout point, mais elle
est encore regrettable, pour ne rien dire de plus.

Je me demande s'il peut y avoir quelque honte à avouer
que j'ai été mis à la réforme, sous l'ancien régime, pour
avoir soutenu qu'on ne devait pas citer favorablement à
l'ordre de l'armée et récompenser deux officiers qui avaient
abandonné leur poste en présence de l'ennemi et fait *mas-
sacrer*, par suite de leur incurie et de leur désertion, *soi-
xante-quatre braves soldats?*

Et, d'ailleurs, depuis quand la honte est-elle dans le
châtiment et non dans la faute? S'il en était ainsi, M. le
préfet lui-même devrait être bien coupable, lui qui a été
proscrit, lui qui a été exclu du territoire français pendant
plusieurs années !

Donc, si je n'ai pas dit, dans mon ordre du jour au 16ᵉ
bataillon, que j'avais été mis à la réforme par le maréchal
de France *Castelnau,* ministre de la guerre, le 10 juillet
1869, ce n'est pas par oubli, c'est parce que cela n'avait
aucun rapport avec le sujet que je traitais. Du reste, je
suppose que toutes les personnes qui me connaissent sa-
vent que je suis en réforme, car je n'ai jamais cherché à le
cacher, et, je le répète, il n'y a aucune honte pour moi,
mais bien pour ceux qui m'y ont mis. Après tout, si M. le

préfet consent à payer les frais d'affichage, je suis tout disposé à le faire afficher. Je ferai observer cependant que M. Castelnau n'était pas maréchal de France ni ministre de la guerre à cette époque, et que par conséquent le décret qui me met en réforme est illégal et nul de droit.

Dans cette même note, M. le préfet du Rhône prétend que, par une lettre en date du 10 avril dernier, j'ai demandé par écrit au ministre de la guerre de rentrer dans l'armée.

En cela, M. le préfet a été fort mal renseigné ; je n'ai pas écrit au ministre de la guerre le 10 avril, mais seulement au général commandant la 8ᵉ division. Ma lettre était conçue en ces termes :

« Mon général, conformément à votre lettre du 9 de ce
« mois, j'ai l'honneur de vous adresser ci-joint mes états
« de service et ma lettre de nomination au grade de colo-
« nel. Je joins à cet envoi :
« 1° Un extrait du journal la *Commune de Lyon*, du 25
« septembre 1870 ;
« 2° Un extrait du *Salut public* du 4 octobre 1870 ;
« 3° Enfin un extrait du *Moniteur* des 2 et 3 janvier
« 1871.
« Veuillez agréer, etc. »

Est-ce là la lettre à laquelle on fait allusion ? Où est donc l'expression de mon désir de rentrer dans l'armée ? Il faut réellement que l'on me connaisse bien peu ou bien mal, pour qu'on me prête une pareille intention ! Non, jamais je ne ferai partie d'une armée qui peut être employée à chaque instant contre la nation, contre les citoyens, et dont l'organisation est contraire à la destinée de l'homme et aux droits de la nature.

« Dans les monarchies absolues, écrivait naguère Mau-
« rice La Châtre, tout y est incomplet et barbare. Le mili-
« taire y est considéré comme un être purement mécani-
« que, aveugle, sans raison, sans volonté, qui doit obéir
« et se taire. »

Est-ce qu'un homme qui est convaincu de cette vérité
peut être un solliciteur, un officier qui a l'intention de se
faire réintégrer dans l'armée? Mais voici une lettre datée
du 16 avril, qui vous fixera complétement sur ce sujet, et
vous prouvera que la note de M. le préfet n'est nullement
fondée :

« Mon général, en exécution des instructions ministé-
« rielles que vous avez reçues et de celles que vous avez
« données à l'intendant chargé du licenciement des légions
« du Rhône, j'ai l'honneur de vous informer que je cesse,
« à partir de ce jour, de prendre part au réglement des
« comptes de la 2ᵉ légion du Rhône, et que je rentre dans
« la vie civile.
« Mais en me retirant je proteste :
« 1° contre la violation des décrets des 13 et 14 octo-
« bre 1870.
« 2° .   .   .   .
« 3° Contre le déni de justice dont se rend coupable le
« Ministre de la guerre, en ne répondant pas à mes lettres
« des 7 septembre 1870 et 8 mars 1871;
« 4° Enfin contre la mention que vous avez portée sur
« ma lettre de nomination au grade de colonel. C'est là,
« vous en conviendrez, un procédé par trop dictatorial, et
« un précédent qui pourra un jour servir d'exemple.
« Veuillez agréer, etc. »

Et comment, M. le préfet du Rhône, en présence de cette lettre, dont on n'a pas dû lui cacher l'existence, peut-il me reprocher d'avoir oublié de dire qu'à la date du 10 avril j'avais demandé par écrit au ministre de la guerre à rentrer dans l'armée? N'est-ce pas là une chose risible? Pouvais-je parler d'une demande que je n'avais pas faite? M. le préfet du Rhône n'avance-t-il pas là un fait inexact, calomnieux même?

En ce qui concerne la permission qui m'a été accordée pour aller à Versailles, cette permission était de six jours et non de quatre. Oui, je suis parti de Lyon le 2 avril pour me rendre à Versailles, non pas pour solliciter ma réintégration dans l'armée, mais bien pour réclamer ma confirmation dans le grade de colonel, conformément aux décrets du gouvernement de la Défense nationale des 13 et 14 octobre 1870. Seulement, arrivé à Paris, je n'ai pas cru devoir me rendre auprès d'un gouvernement qui employait la force brutale et aveugle du chassepot, des mitrailleuses et du canon pour conserver le pouvoir, et qui appelait à son aide les agents de Piétri et les généraux de l'Empire.

Quant au reproche qui m'est fait d'avoir insulté l'armée, je ne vois pas en quoi il consiste et comment je l'ai mérité. Je suis d'autant plus étonné de ce reproche, que je trouve, dans le *Salut Public* du 28 avril, dans le numéro qui contient la note de M. le Préfet, les lignes suivantes :

« Pervertie par une mauvaise organisation, plus préto-
« rienne que nationale, gâtée par des pratiques plus mau-
« vaises encore que son organisation ; livrée dans beaucoup
« de ses commandements à l'esprit de courtisanerie et au
« règne de la faveur ; faite de plus en plus pour les parades
« de la force et pour des représentations comme celle de

« Sarrebruck, le 4 août 1870, plutôt que pour de vraies
« journées militaires ; perdant peu à peu, par l'influence
« des exemples d'en haut, la virilité et la sincérité que
« donne le généreux métier des armes, — l'armée devait,
« aussitôt qu'elle se heurterait contre la réalité, éprouver
« un désappointement et un échec.... »

Ai-je dit autre chose? Ces lignes ne justifient-elles pas
mon désir de voir former une *milice nationale*, chargée
de protéger et non d'opprimer? chargée de défendre la vie
et la liberté des citoyens et non de les leur ôter, comme au 2
décembre 1851, et plus récemment comme à la Ricamerie,
à Aubin et comme en ce moment à Paris !

Qui donc parmi nous ignore que l'institution de la *milice
nationale*, tout à la fois civile et militaire, est née en
France, en même temps que la liberté, et a pour objet de
garantir les droits de chaque individu et l'indépendance
nationale?

« Dans un pays, dit le savant La Châtre, dans un pays
« où tous les hommes sont libres et où l'objet de l'autorité
« publique est de garantir la liberté de chacun, nul ne peut
« prétendre au privilège exclusif de porter des armes ou de
« faire partie de la force armée ; c'est un droit commun à
« tous, comme le droit de défense personnelle. Une autre
« conséquence du même principe, c'est que les hommes
« en qui la force réside, nomment leurs officiers ou les font
« nommer par les citoyens qu'ils ont eux-mêmes délégués
« à cet effet. Il ne peut exister de véritable garde nationale
« que chez les peuples libres. »

Or, là où il n'y a pas de véritable garde nationale, il n'y
a pas de liberté, et là où il n'y a pas de liberté, il n'y a ni
sécurité, ni prospérité, ni honneur, ni vertu !!

Mais que me reproche-t-on encore ?

On prétend que j'ai chez moi, dans ma petite et modeste chambre, à un cinquième étage, une grande quantité de vêtements militaires, des fusils Remington par centaines et des cartouches en abondance. On ajoute que je possède des sommes énormes en or, grâce aux remises qui m'ont été faites par MM. Levy, Delhospital, Peyron et autres fournisseurs de la 2ᵉ Légion du Rhône, — remises que je n'ai pas eu la délicatesse de refuser et qui me serviront à organiser une armée, mon intention étant de jouer prochainement à Lyon, « le rôle du général Cluseret !... »

Vraiment, Messieurs, je me demande si je dois réfuter ces accusations ? N'est-il pas plus convenable d'en rire et de les mépriser ?

Mais est-ce tout ? Non : on me traite, dans un journal dont le vrai titre devrait être la *Girouette*, on me traite de machine de guerre, alors que je m'écrie sans cesse, à la vue de nos discordes sanglantes et de nos guerres honteuses : « Manufacturiers de cadavres humains, vous aurez beau broyer la mort, vous n'en ferez jamais sortir un grain de liberté, une étincelle de génie, un germe de vertu ! »

Et de quel droit me qualifie-t-on de machine de guerre ? Croit-on que j'ignore que l'autorité légitime ne se fonde que sur le respect et l'affection, et que la guerre laisse toujours après elle un désir de vengeance ? Malheureusement je vois des obstacles absolus à l'établissement de cette autorité légitime : ce sont les succès momentanés de ceux qui se flattent d'imposer leurs systèmes sociaux par la violence. C'est contre la violence que doivent s'unir désormais ceux qui croient posséder la vérité.

Qu'on le sache donc une fois pour toutes, je ne comprends, je n'admets qu'une seule guerre légitime : c'est

celle qui a pour objet de faire respecter le territoire natio-
nal et de s'opposer au démembrement de la patrie. Hors de
là, toute guerre est criminelle, honteuse, et porte avec elle
un germe de malheur et d'impuissance irrémédiable.

Enfin, il est encore un propos peu bienveillant que l'on
fait circuler en ville : on affirme que j'ai un certain trouble
dans mes facultés intellectuelles ; en d'autres termes on
dit que je suis fou, non pas à lier, mais bon à loger aux
Petites-Maisons ou à *l'Antiquaille.*

A cela, je ne puis répondre que par ces quatre vers de
Boileau :

> Chacun suit, dans le monde, une route incertaine,
> Selon que son erreur le joue et le promène ;
> Et tel y fait l'habile et nous traite de fous,
> Qui, sous le nom de sage, est le plus fou de tous.

Je prie donc les âmes charitables, qui veulent bien m'en-
voyer habiter les *Petites-Maisons* ou l'*Antiquaille*, et
l'illustre sage qui m'a fait enfermer à la prison de Saint-
Joseph, de vouloir bien à l'avenir ne plus s'occuper de mon
logement.

En résumé, j'ai constamment servi mon pays avec dé-
vouement et désintéressement ; l'amour de la vérité est
mon unique passion ; le désir de me rendre utile à mes
concitoyens est toute mon ambition ; je méprise les hon-
neurs et les richesses ; je me contente de peu, je vis de peu,
et l'on me traite comme un homme dangereux : on m'em-
prisonne ! Est-ce équitable ?

Et maintenant, faut-il vous dire, Messieurs les Jurés, la
cause de mon peu d'admiration pour l'administration de
M. Thiers ? La voici :

« M. Thiers, écrivait en 1846, M. de Châteaubriand, dans

« son style de prophète, M. Thiers est le seul homme que
« la révolution de juillet ait produit. Il a fondé l'école ad-
« mirative de la terreur, école à laquelle il appartient.

« M. Thiers fait-il état de ses principes? pas le moins du
« monde : il a préconisé le massacre, et il prêcherait l'hu-
« manité d'une manière tout aussi édifiante ; il se donnait
« pour fanatique des libertés, et il a opprimé Lyon, fusillé
« dans la rue Transnonain et soutenu envers et contre tout
« les lois de septembre : s'il lit jamais ceci, il le prendra
« pour un éloge.

« Il voudra demeurer ou rentrer au pouvoir. Afin de
« garder ou de reprendre sa place, il chantera toutes les
« palinodies que le moment ou son intérêt sembleront lui
« demander.

« Deutz et Judas mis à part, continue M. de Château-
« briand, je reconnais dans M. Thiers un esprit souple,
« prompt, fin, malléable, peut-être héritier de l'avenir,
« comprenant tout, hormis la grandeur, qui vient de l'or-
« dre moral..... Il s'embarrasse peu des différences d'opi-
« nion, ne garde point rancune, ne craint pas de se com-
« promettre, rend justice à un homme, non pour sa probité
« ou pour ce qu'il pense, mais pour ce qu'il vaut ; *ce qui*
« *ne l'empêcherait pas de nous faire tous étrangler,*
« *le cas échéant.* Si sa cervelle tient bon et qu'il ne soit
« pas emporté par un coup de tête, les affaires révéleront
« en lui des supériorités inaperçues. Il doit promptement
« croître ou décroître; il y a des chances pour que M. Thiers
« devienne un grand ministre ou reste un brouillon. »

C'était en 1846 que M. de Châteaubriand s'exprimait
ainsi. Je ne sache pas que depuis M. Thiers soit devenu un
grand ministre : il est donc resté ce qu'il était à cette épo-

que, et rien ne prouve mieux cette vérité que la déclaration suivante, faite par M. Thiers et insérée dans le *Moniteur* du 3 février 1848, page 263 :

« Entendez bien mon sentiment, disait M. Thiers à cette
« époque, je suis du parti de la Révolution, tant en France
« qu'en Europe; je souhaite que le gouvernement de la
« Révolution reste dans les mains des hommes modérés;
« je ferai tout ce que je pourrai pour qu'il continue à y
« être ; mais quand ce gouvernement passera dans les
« mains d'hommes qui seront moins modérés que moi et
« mes amis, dans les mains d'hommes ardents, fût-ce les
« radicaux, je n'abandonnerai pas ma cause pour cela, *je*
« *serai toujours du parti de la Révolution.* »

Et cependant, d'après un journal monarchique de la localité, « la révolution, c'est le mal ; la révolution, c'est la folie, c'est le délire; la révolution, c'est le crime; la révolution, c'est la suprême honte, la dernière bassesse, l'extrême abrutissement! » Mais est-ce que M. Thiers est aujourd'hui du parti de la Révolution? Non, messieurs. Voici ce qu'il vient de répondre aux délégués de Toulouse :

« Messieurs, *tout le monde sait que mes opinions ont*
« *toujours été monarchiques et libérales.* C'est pour
« cela que j'ai autrefois servi le roi Louis-Philippe et que
« j'ai ensuite sans cesse combattu l'empire. » *(Journal de Lyon,* du 26 mai 1871.)

Quelle confiance peut-on avoir en un homme qui est tantôt *toujours du parti de la révolution* et tantôt *toujours du parti de la monarchie?* N'est-ce pas là un homme dépourvu de principes, de convictions, de caractère, de moralité, d'honnêteté? ou plutôt n'est-ce pas là une vraie girouette?

J'ai fini. Prononcez sur mon sort, messieurs les jurés. J'ai la conviction d'avoir fait mon devoir et de n'avoir pas outrepassé mes droits d'homme et de citoyen. Quelle que soit votre décision, elle ne troublera en rien ni la gaieté de mon esprit ni le calme de ma conscience. Et comment en serait-il autrement? ne suis-je pas dans un pays où le vertueux Malesherbes, l'honneur et la gloire de la magistrature française, a été guillotiné? dans un pays où le dernier des Condé, le vaillant et héroïque duc d'Enghien a été fusillé, assassiné sur l'ordre du plus grand criminel qu'ait produit l'univers?... Jugez-moi, messieurs, Dieu nous jugera tous !

———————

Telle devait être ma défense devant la Cour d'assises, et telle est ma justification devant les électeurs qui m'ont nommé membre du conseil municipal de Lyon.

Qu'il me soit permis, en terminant, d'exprimer ici ma profonde et sincère gratitude :

1° A MM. Journel, juge d'instruction, et Bryon, conseiller à la Cour de Lyon, pour la bienveillance qu'ils m'ont témoignée dans l'instruction du ridicule procès qui m'avait été intenté;

2° Aux journaux le *Progrès*, la *Mascarade*, la *Répu-*

blique, le *Vengeur* et *Guignol illustré* pour tout ce qu'ils ont bien volu dire d'obligeant en ma faveur;

3° A mes amis MM. Célestin Gauthier, Loupy et Abel Pioton, pour leur énergique et noble protestation contre mon arrestation ;

4° Au Conseil municipal et au vénéré maire Hénon, pour la persistance avec laquelle ils ont demandé ma mise en liberté ;

5° Enfin aux électeurs qui ne se sont pas laissé tromper par les perfides et odieuses accusations dont j'ai été l'objet depuis mon arrestation : chose d'autant plus méritoire et digne de remarque qu'en général

> L'homme est de glace aux vérités:
> Il est de feu pour les mensonges.

Lyon, le 1er juin 1871.

FERRER